एक शायर का ख़्वाब

अल्फ़ाज़ दिल से

राजीव रंजन

pencil

ISBN 978-93-5610-490-7
© Rajeev Ranjan 2022
Published in India 2022 by Pencil

A brand of
One Point Six Technologies Pvt. Ltd.
123, Building J2, Shram Seva Premises,
Wadala Truck Terminal, Wadala (E)
Mumbai 400037, Maharashtra, INDIA
E connect@thepencilapp.com
W www.thepencilapp.com

DISCLAIMER: *The opinions expressed in this book are those of the authors and do not purport to reflect the views of the Publisher.*

Author biography

झारखंड राज्य के सांस्कृतिक राजधानी देवघर से अपना
ताल्लुकात रखने वाले राजीव रंजन एक युवा लेखक ,कवि एवं

कहानीकार है । विलक्षण प्रतिभा के धनी रंजन की पहली किताब "दीप्ति- श्लोक" एक चर्चित पुस्तक रही है । यह किताब रंजन जब सत्रह वर्ष की आयु के थे, उसी वक़्त प्रकाशित हुई थी । किताबों के साथ -साथ रंजन

as a Hindi song lyricist (bollywood lyricist) के तौर पे भी कुछ -कुछ नमचिन production houses के लिए भी गानें लिखते आ रहे हैं । इनका हालिया रिलीज्ड पेट्रीयोटिक सोंग " चंदन सी प्यारी मिट्टी " है_,जो लोगों द्वारा काफी पसंद किया गया .... __

आप राजीव रंजन से निम्न माध्यम से संपर्क कर सकते हैं
*mail_ authorranjan124@gmail.com
*blog_ authorranjancorner.blogspot.com

CONTENTS

Acknowledgements

यह किताब माँ शारदे को समर्पित जिनकी ममता भरी दृष्टि ने मुझ आवारा बेपरवाह लड़के को काव्य- कथा सृजन की कला सौंप कर मेरा जीवन धन्य कर दिया...

****

यह किताब पापा को समर्पित जिनके प्यार को कविताओं में पिरोने से आज तक इसलिए डरते आया हूं क्योंकि मुझे लगता है शायद मैं पापा के बेहिसाब प्यार को चंद कुछ पंक्तियों में नहीं बांध पाऊंगा... एवं अगर नहीं बांध पाया तो पापा के प्यार के साथ अन्याय हो जाएगा......

****

यह किताब मम्मी_ दीदी _ जीजा जी_ अजय_ प्रत्युष _ अनिश एवं मेरे परिवार के तमाम सदस्यों को समर्पित जो मुझे सिर्फ प्यार ही नहीं करते हैं ख़ुद से ज्यादा मेरी फिक्र भी करते हैं...

****

यह किताब_ हरीश_ नीरज_ कुंदन_ तुषार _ऋतिक _शुभम_अंशुमन_ सोनू भैया_ विक्रम भैया, अनिकेत एवं

तमाम उन दोस्तों को समर्पित जो मेरा हौसला एवं हमसाया बनकर निस्वार्थ भाव से मेरे अच्छे- बुरे दिन देखे बिना हमेशा मेरे साथ चलते आए हैं ।

****

****

"""

यकीन

आंखों में सुनहरे ख़्वाब,

और दिल रंगीन होना चाहिए

ये दुनिया तो कदमों पे आ ही जायेगी

बस ख़ुद पे यकीन होना चाहिए

रोटी

अपनी हसरतों को छुपाकर ,

अपनों की खुशियों के संग चलना पड़ता है__

यूं ही नहीं पक जाती घर में रोटियां ...

किसी एक को ज़िम्मेदारी के चुल्हें में जलना पड़ता है__

मैं उससे दूर से मोहब्बत करता हूं

मैं उसके करीब होकर भी,

मैं उससे दूर से मोहब्बत करता हूं

वो दुनिया भर की चाहत रखती

मैं सिर्फ उसकी चाहत करता हूं।

वो जब कभी किसी को

मुझे सबसे अच्छा दोस्त बताती है

मेरे लिखे नज़्मों - गीतों को

अपने दिलकश अंदाज में सुनाती है

उसकी इन अदाओं को आंखों में भर

दुलारता हूं, „उल्फत करता हूं

मैं उसके करीब होकर भी

मैं उससे दूर से मोहब्बत करता हूं

वो लड़की बड़ी नादान है

लेकिन मेरी जान है

उसको समझना और समझाना

इतना कहां आसान है ...??

मुझे बड़ा अच्छा लगता है

नए -नए तरीकों से उसे परेशान करना

अपनी ओर उसकी चंचल- चितवन

नज़रे करना, ध्यान करना

इसलिए कभी -कभी मैं उसके पास बैठकर

अपने अभिनय से उदास बैठकर

मेरी उदासी पे उसके फिक्र के सवालों का

खामोशी से दावत करता हूं

 मैं उसके करीब होकर भी

मैं उससे दूर से मोहब्बत करता हूं

मैं डरता हूं उससे कहने से

अपने दिल की बातों को

मेरे ख्यालों की मल्लिका कोन?

अहसासों को जज़्बातों को

अभी तक क्यों न बोल सका ये

इसे छोड़कर हर बातें उससे बोल गया मैं

ये राज रहा बस उससे मेरा

बाकी सारे राज उससे खोल गया मैं

हर रोज दिन में हिम्मत करता

और रात में खुद की खुद से शिकायत करता हूं

मैं उसके करीब होकर भी

मैं उससे दूर से मोहब्बत करता हूं

****

जवाब

जवाब देना सबसे ज़्यादा मुश्किल तब हो जाता है,

जब जवाब ही सवाल कर बैठे ____

ख़्वाब

तेरे ख़्वाब से जागा , तब ये ख़्याल आया,

की जैसे मैं तुम्हें चाहता हूं_ काश तुम भी मुझे चाहती_

जब कभी

मैं चलते - चलते ख्वाबों के डगर पे

जब कभी थककर सो जाऊं

या भटकते - भटकते भरते -छलकते

जब कभी खुद में ही कहीं खो जाऊं

तुम ओस सी ख्यालों की फलक से निकलकर

मेरी आंखो की पत्तियों पे आ ठहर जाना ___

मैं जब कभी ज़िन्दगी की दहलीज पर

किसी निर्णय को विमर्श करू

या कभी कठिनाइयों से घबराकर

हार की कल्पना पे आहें भरू

तुम ताज़ी आशाओं की हवा का झोंका बनकर

मेरे मन को उमंग से भर देना _____

मुस्कान

*गम तो बहुत हैं दिल में मगर छुपाते हैं हम
मिलते हैं जो किसी से तो मुस्कुराते हैं हम

बदनामी

अपनी जिल्लत भरी कहानी किसे सुनाएं और कौन सुने??
यहां तो हर शख्स अफवाओं का सम्मान कर बैठा है ।
जो कभी किए नहीं __जो कभी हुए नहीं
उस जुर्म में मुझे बदनाम कर बैठा है__

ज़िन्दगी तो रेत का घरौंदा है...

आंखों से ख्वाबों का साथ ,

रिश्तों से वादों का हाथ ,

दिल से सारे जज़्बात ,

एक रोज छूट जाना है ।

ज़िन्दगी तो रेत का घरोंधा है,

आएंगी जो लहरें इसे टूट जाना है।

क्या हमारी क्या तुम्हारी बिसात?

अपने वश में न दिन

अपने वश में न रात

हम तो उस रब के कहानी का किरदार हैं

उसके इशारे पे चलने को तैयार हैं

उसकी मर्ज़ी कहां कब क्या करना है

किसे जीना है अब किसे मरना है

सबको मालूम है सांसें मासूम है

एक रोज हवाओं से इसे रूठ जाना है

ज़िन्दगी तो रेत का घरोंधा है,
आएंगी जो लहरें इसे टूट जाना है।

हुनर

खामोशी से अपने हुनर को तैयार कर रहा हूँ ,
हाँ " मैं "भी वक्त का इन्तजार कर रहा हूँ ।

आसान नहीं हूं मैं

मैं दिप नही वो ..

जो तनीक हवाओं से बुझ जाए ,

मुझमें सामर्थ्य इतना कि

तूफान भी घबराए

संघर्ष दौड़ता नब्ज में मेरे ,

कोई ढलती शाम नहीं हूँ मैं ।

आसान नहीं मेरी मंजिल ,

आसान नहीं हूँ मैं ।

उम्मीद

जब कोई किसी से जुड़ता है तो सिर्फ वही नहीं जुड़ता है उसके साथ -साथ कई उम्मीद , कई एहसास, कई जज़्बात भी जुड़ता है, हो सकता है तुम्हें सामने वाले से काफी उम्मीद हो लेकिन सामने वाला का तुमसे कोई उम्मीद न हो , या दोनों को एकदुसरे से काफ़ी उम्मीद हो । एक दूसरे से उम्मीद हमारे रिश्ते को और भी गहरा बना देती है और इसका सफर कई हद तक सुहाना रहता है किन्तु एकतरफा उम्मीद का अंजाम काफी बुरा होता है , तड़पना, तरसना, उम्मीद टूटने पर भी उम्मीद रखना इंतजार, बेकरारी , सब इस एकतरफा उम्मीद की ही मंज़िल है। क्योंकि जो आपसे उम्मीद नहीं रखता , आपके लिए अपने दिल में जज़्बात नहीं रखता , उसके लिए आपके होने या ना होने से उसकी ज़िन्दगी में कोई फर्क नहीं पड़ने वाला। उम्मीद का मतलब यहां सिर्फ स्वार्थ या सहायता नहीं है, उम्मीद का मतलब यहां प्यार और सम्मान भी है। कोई शक्स कितना भी खुद में मुकम्मल क्यों न हो फिर भी आप अगर उनसे जुड़ते हो तो कम से कम उसे आपसे प्यार और सम्मान

की उम्मीद तो रखनी ही चाहिए न , अगर नहीं रखता है तो शायद वो आपके जज़्बातों का कद्र ही नहीं करता है, आप उसके लिए मायने नहीं रखते हो , और जो आपके जज़्बातों का कद्र करना नहीं जानता हो उससे तो दूर रहने में ही अपनी भलाई है।

इसलिए कहता हूं,

हमदर्द से जुड़ें सरदर्द से नहीं। चूंकि जब कोई जुड़ कर आदत बन जाता है तो बहुत मुश्किल होता है उसके छोड़ जाने के बाद उसके जाने के गम से उबरना

****

—

चांद_१

खुशनसीबी इस कदर मुझपे मेहरबान है ।

बाहों में चांद है और खुला आसमान है

दो सितारे नैना .. कितने प्यारे नैना

रैना सी जुल्फे है या जुल्फों सी रैना

पूनम सी बातें है और लब पे बातें कुर्बान है।

बाहों में चांद है और खुला आसमान है ।

वो लड़की

वो मासूम है वो नादान है,

प्यारा सा एक वो अरमान है

मेरे दिल में धड़कन सी वो....

मेरी सांसों की वो जान है

जब से मेरे जीवन में वो आई है

चारों तरफ खुशियां ही खुशियां छाई है..

वो नीलम परी है , जादुई छड़ी है

सौ ख्वाबों की वो एक लड़ी है ।

वो सुबह की पहली किरण सी है

वो शाम रूमानी हसीन है

उसकी आंखें घनी रात सी

और चेहरा उसका खिला दिन है...

वो जिद्दी भी है शर्मीली भी

वो बाग की ताजी खिली कली सी

उसको पाकर मैंने दुनियां पाई है

चारों तरफ खुशियां ही खुशियां छाई है..

मेरे खातिर सबसे छुप -छुप कर

दुवाएं करती उपवासें रखती

मेरे गीत ग़ज़ल की वही भाव स्याही

वो तो मुझे मेरी मंज़िल सी लगती

जब से मेरे जीवन में वो आई है

चारों तरफ खुशियां ही खुशियां छाई है..

****

तुमसे मिलकर मेरा जीवन......

होश में ,मैं कहां ये केसा खुमार छाया है,

तुमसे मिलकर मेरा जीवन मुद्दतों बाद मुस्कुराया है ।

आंखों की थी जो तलब शायद तुम ही वो राज हो

मैं शायर नहीं बिन तेरे तुम ही मेरे अल्फ़ाज़ हो

अफसरा तू वही ख्वाबों में जो आती है

बेरंग सी मेरी ज़िन्दगी को अपनी मुस्कुराहटों से सजाती है

उम्मीद को मंज़िल मिली तू जो आ मुझसे मिला

तेरे चेहरे से मेरी आंखो का शुरू हुआ एक खूबसूरत सिलसिला

...

जिस्म से रूह तक का इश्क़ का है ये सफर

तुझे चाहता हूं इस कदर की तू ही रहती है मेरे ख्यालों में शाम

_ओ _सहर....

दिल की दुवाएं मंज़ूर कर उस रब ने हमें मिलाया है

तुमसे मिलकर मेरा जीवन मुद्दतों बाद मुस्कुराया है

अक्सर

अक्सर चेहरा मायूस कर

ख़ुद से ये सवाल करता हूं...

तुम किसी और की हो चुकी _फिर भी मैं क्यों ?

हरपल इतना तेरा ख्याल करता हूं__

ईमान

सुनें हैं एक कातिल मुझपें क़त्ल का इल्ज़ाम लगाना चाहता है,

यानी सच बोलती मेरी ज़ुबान पे लगाम लगाना चाहता है

इससे बिका उसको खरीदा -, इससे बिका उसको खरीदा

सुनें हैं अब वो ईमान का व्यापारी मेरा भी दाम लगाना चाहता है

बेदर्द

ख़ुद को बेदर्द कर सुकून से सोना चाहता हूं
तुम्हारी तरह अब मैं भी होना चाहता हूं

आगाज़

चलो झूठी मोहब्बत का खेल बहुत हुआ
अब नफरत का आगाज़ करते हैं
तुम तो मुझे नज़रअंदाज़ कर ही रहे हो
चलो अब हम भी तुम्हें नज़रअंदाज़ करते हैं

जैसे शायर का ख़्वाब

तुम्हारी हया , तुम्हारी तब्बसुम

हय क्या अदा? कितनी मासूम

तुम सबसे नायाब, जैसे शायर का ख्वाब

तुम बिन काटों का महकता गुलाब,

तुम पूनम की रात

तुम सावन का शबाब

तुम सबसे खूबसूरत सवाल

तुम सबसे उम्दा जवाब

क्या हो तुम ?? कैसे कहें

जो कहें कहते रहें

तुम बहार की मिठास

तुम पहला प्यार का पहला यहसास

तुम मुक्क्मल मन्नत, तुम चलती फिरती जन्नत

तुम दीवानों की चाहत,

तुम ख़ुदा की इबादत

तुम आखिरी उम्मीद की ललक

तुम छोटे मासूम बच्चों की चहक

तुम जिद्दी इरादों का हौसला,

तुम धूप में बारिश

तुम बेचैनीयों का करार

तुम दानवीरों की नवाजिश

तुम ईमान वालों का ईमान

तुम सुबह की अज़ान

तुम हर ज़ख़्म का एक मरहम

तुम लड़खड़ाती ज़िन्दगी का

संभलता कदम

तुम एक खूबसूरत सिलसिले का असर

तुम बंजारों के सपनों का घर

तुम इस धरती का मेहताब

तुम नूर- ए -शादाब

तुम खुशनसीबों के हाथों की लकीर

तुम उस खुदा के अब तक की कलाकारी का सबसे बेहतरीन

सांस लेती तस्वीर____

____

अश्क

सुकून पाना है ,अदा कौन करे ??_

मेरे जख्मों पर दवा कौन करे ??_

की_ सूखा पड़ा है आंखों का दरिया,

अब अश्को से दर्दों को ब्यां कौन करे ??

तड़प

ख़ुद को तड़पाना इतना _ख़ुद को इतना बेकरार करना

इतना आसान कहां है तुमसे प्यार करना ।

२. मैं रांझा हुआ तेरे इश्क़ में
तुम भी हिर सी अपनी वफाएं करो
मैंने मांगा तुम्हें बस हर दुआ में
तुम भी रब से मेरी दुवाएं करो

इम्तिहान

मेरी चाहत का कभी इम्तिहान ना लेना

दूर जाके मुझसे मेरी जान ना लेना__

_इससे ज्यादा इस दीवाने का
पूछो होगा ...होगा क्या गम???
उनके नज़रों के सामने रहते हैं हरदम
फ़िर भी नजर ना उनको आते हैं हम_

मन

मन वो बेलगाम घोड़ा है जिसपे बिना नियंत्रण का लगाम कसे

अपने हिसाब की घुड़सवारी नहीं की जा सकती __

और जहां मन हमें अपने हिसाब से चलाना आरंभ कर दिया

वहीं से हमारे जीवन में अपार दुखों का उदय हो जाता है _

और हम पतन के राह पे अग्रसर हो जाते हैं _______

बेकाबू मन हमें कष्ट के अलावा और कुछ नहीं देता __

सफलता का पहला सीढ़ी है ___ अपने मन का मालिक बनें _

मन को अपने नियंत्रण में लें " फिर मंज़िल की ओर कदम

बढ़ाएं

____

self respect

#self respect#

हर इंसान के अंदर एक एक इंसान होता है __

जिसको हम स्वाभिमान कहते हैं___

और स्वाभिमान _सम्मान का भूखा होता है__

आदर - मान का भूखा होता है____

इनका उम्मीद ठोकर नहीं _इज्जत होता है____

आप किसी के "दानव मती लालच "को खरीद सकते हैं

किन्तु उनके स्वाभिमान और ज़मीर को नहीं____

स्वाभिमान और ज़मीर बिकाऊ नहीं होता ____

ये सिक्के की खनक नहीं प्रेम की भाषा समझता है__

ठोकर

जो भी है काफ़ी है अब कोई चाहत नहीं है,
ज़िन्दगी अब तुमसे कोई शिकायत नहीं है ।
कभी मांगा था कोई अरमान_"ठोकर मिला"
मुझे भी बार-बार गिड़गिड़ाने की आदत नही है।

दिल

सबसे आसान होकर _सबसे मुश्किल ढूंढता हूं __

मैं खूबसूरत चेहरा नहीं_ खूबसूरत दिल ढूंढता हूं

यहां तो हर कली रंगीन है _हर फूल हसीन है

इन हसीनाओं में _ मोहब्बत के काबिल ढूंढता हूं__

एक उम्र जो मैंने खोई है __कुछ पाने को__

अब मैं उसका हासिल ढूंढता हूं________

की _मेरे जज़्बातों का जिसने बड़े बेरहमी से कत्ल कर दिया,

उस कातील के सीने में __दिल ढूंढता हूं________

मोहब्बत

मुझको मोहब्बत हुई तेरी आदत

मेरे चाहत को अपनी पनाहों में ले लो

ऐसे मुझसे जुड़ जाओ तुम

कि ना जुदा हो हम कभी भी जुदा हो

रूबरू

चेहरा ऐसे मानो जैसे जन्नत से आई कोई परी है
कल तलक ख्वाबों में थी जो आज रूबरू खड़ी है

कोशिश

मेरी कोशिश बेकार गई _मेरे हिस्से जीत का अंजाम ना आया

ज़माने भर का फ़लसफ़ा _इश्क़ के इम्तिहान में काम ना

आया__

जिक्र

इंतजार के साथ - साथ सबर भी मेरे दिल को दिया करो,,

ज़िंदा हो तो ज़िंदा होने का खबर भी मेरे दिल को दिया करो,

मुनासिब मेरे दिल की उम्मीदों को गर मारने का इरादा है ।

लौटकर फिर मेरी ज़िन्दगी में नहीं आने का गर इरादा है ।

तो ख़बर के साथ -साथ मेरी जान ,

रकीब के जिक्र का जहर भी मेरे दिल को दिया करो ।

सादगी

जैसा चाहता था वैसा अंजाम न आया

वफ़ा के बदले वफ़ा _ वफ़ा का पैगाम ना आया

जिसपे नाज़ था मुझे _ उसी के लिए ठुकरा दिए गए हम

मेरी सादगी इश्क़ में काम न आया ___

****

यादें

तेरी यादों को मारने के लिए जहर ढूंढ़ रहा हूं __

पूरा शहर ढूंढ़ रहा हूं __हर नज़र ढूंढ़ रहा हूं

की मेरी हर कोशिशें इस कोशिश में नाकाम रह गई

अब इस मर्ज के लिए कोई नया असरदार असर ढूंढ़ रहा

हूं______

जहर को मारने के लिए जहर ढूंढ़ रहा हूं#

****

यूं तीखी धूप के बरसात में,

एक टुकड़ा छांव को तरसता नहीं __

"मुझे पता होता अगर इश्क़ में ऐसा होता है"

तो हसीनाओं की गलियों से कभी गुजरता नहीं.....

मेहर

मेरी दुवाओं में असर क्यों नहीं हो जाता ?

मेरी तरह तुम्हारी भी नजर क्यों नहीं हो जाता ?

के तुम्हारे सारे बेरुखी भरे सवालों का तुम्हें जवाब मिल जाते

ख़ुदा का मेहर इस दुआ पर अगर हो जाता

****

•मुझे जो तुम्हारा सहारा मिल जाता

डूबती कश्तियों को किनारा मिल जाता

मेरी रूठी जिद्दी जिस्त हमें साथ देख बहल जाती_

धड़कनों को धड़कने की वजह दौबारा मिल जाता।

कलयुग

तू कलयुग की राधा ठहरी

तेरे हज़ार कृष्ण....

पर सुन ले -'ओ राधे

" तू एक ही मेरी राधा है"...

****

दिल के जज़्बात सामान बन व्यापार में आ गया

__कमबख्त प्यार भी अब बाज़ार में आ गया___

तमाशा

ना भूखा देखता है __ ना प्यासा देखता है |
 ये दुनिया वाले _तो बस तमाशा देखता है |

****

यूं पागलों सा आंधी में चिराग जलाता कोन ??
अगर हम नहीं होते तो बिछड़े यारों को मिलाता कोन ???
सारा शहर अपने खून को ही यहां अपना मानता है__
यूं मेरी तरह गैरों को भी यहां अपनाता कोन??????

क्यों खता समझती हो

मुझे याद करना क्यों खता समझती हो

ऐसा भला क्यों बता समझती हो

दुनियां भर की समझ रखने वाली ओ समझदार लड़की

मुझे इतना बता जज़्बात- ए -राब्ता समझती हो ?

....अगर समझती हो तो मुझसे मुहब्बत को एक उम्र की नादानी क्यों कहते हो

अपने आंसुओं को आंसू और मेरे आंसुओं को पानी क्यों कहते हो

चलो माना तुम्हारे लिए वो मोहब्बत नहीं दोस्ती थी

तो फिर ये बताओ इस दोस्ती को

अपने गीतों में अधूरी प्रेम कहानी क्यों कहते हो?

तुम तो मुझे जानती थी

अच्छे से पहचानती थी

फिर ख़ुद को मुझसे दूर करके

मुझे रोता क्यों छोड़ दी

मेरे आदत में सामिल होकर

मुझसे मुंह क्यों मोड़ ली

मेरी पुकार सुनकर भी अनसुना क्यों कर दी

ऐसी हरकतों से मेरा दर्द दुना क्यों कर दी

हां शायद तुम्हारी कोई मजबूरी रही होगी

मुझसे भी ज्यादा कुछ जरूरी रही होगी

लेकिन फिर भी ऐसे मुझे नज़रंदाज़ क्यों करना ??

अनसुना मेरी आवाज़ क्यों करना ??

बस एक बार बोल देती प्यार से

मैं खुद तुमसे दूर हो जाता ....

तुम्हारी नज़रों से तुम्हारी खुशी के लिए

हमेशा के लिए काफ़ूर हो जाता

चलो छोड़ो वो तुम्हारा साथ अब मुझे नहीं मालूम,

कोन हो, क्या हो तुम? कोई बात अब मुझे नहीं मालूम

अब हम दोनों एकदूसरे के लिए अजनबी है__

दिलासा

प्यासे को पानी नहीं

आशा मिलता है

यहां लोगों से बस

दिलासा मिलता है___

****

सुन ले खुदा __ मेरी सदा (पुकार)
तुझे है खुदाई का वास्ता ...
मैं भटका मुसाफ़िर _
जाऊं कहां आखिर ???
मुझे मेरी मंज़िल का दिखा रास्ता

इबादत

हिज़्र-ए-इश्क के आलम में तुमसे नहीं मिल पाने की खलिश को

बेपनाह चाहत की आदत समझता हूं _____

अब मैं नमाज़ नहीं पढ़ता एक भी दफा _____

तुम्हें याद करना ही _ अपने खुदा की इबादत समझता हूं__

ख़्वाब_१

गुमसुम पड़ा है मेरे दिल का आसमां
की मेरा मेहताब कहां खो गया ___?
वो जिसे हकीक़त से ज्यादा जीता था मैं
वो मेरा ख़्वाब कहां खो गया????

****

~२

सावन सा आकर पतझड़ सा जाना
सही है क्या? हंसाकर -रुलाना

****

आदत

अब तो ऐसे जीने की आदत सी हो गई है____

मुझको मेरे दर्दों से मोहब्बत सी हो गई है__

जिसको माना अपना_

 वो जब खुदगर्ज हुआ

ऐसे आलम में मेरा दर्द ही___

 मेरा हमदर्द हुआ__

दिल के ज़ख़्मों को कुरेदकर

और भी गहरा हम बनाएंगे

अपने दर्दों से कुछ इस तरह ......

 वफ़ा हम निभाएंगे ...

दिल की तड़प अब रूह की राहत सी हो गई है

मुझको मेरे दर्दों मोहब्बत सी हो गई है

मेरे राम

ख्वाहिशों से मोह मिटा
मन रमा हरी नाम में _____
वो सुकून कहां है किसी में ,
जो सुकून है मेरे राम में ___

सामर्थ्य

ख़ामोश देख मेरी लहरों को

मेरा सामर्थ्य कोई आंक नहीं सकता

मैं समंदर हूं________

मेरी गहराई कोई माप नहीं सकता

असर

नज़र मिली दिल में असर होने तक

इश्क़ के नाम का शहर होने तक

मुस्कुराहट हया संकेत आमंत्रण रही _

मेरी चाहत का उसे खबर होने तक

****

आंखे अभी भी तेरा रस्ता तकता है_

साजिश करती है बची-खुची उम्मीदें तुम्हें बुलाने की__

तेरा ख्याल है की मन से जाता ही नहीं __

मैने लाख कोशिशें की तुम्हें भूलाने की

नज़ारा

*ये शहर _शहर नहीं रहता
एक नज़र बन जाता है _
और नज़ारों में तुम होती हो
तुम यूं जब मुस्कुराती हो_

हकीकत

कोई है जो मुस्कुराता है

अपनी मीठी- मीठी बातों से मुझे रिझाता है

खबर आई है उस शख़्स की हकीक़त

ये वही है जो ज़माने में मुझे गलत बताता है

काफ़िर

इश्क़ से वफा की उम्मीद अब छोड़ दी हमने ,

चाहत के नजर में काफ़िर हो गए ,

वो कल तलक जिसकी इबादत करते थे__ ख़ुदा मानकर ,

अब उसे पत्थर दिल कहने में __हम माहिर हो गए

२.

अपनी बर्बादी का सबब यही रहा

के मेरी ज़िन्दगी में वो अब नहीं रहा

सौ रातों का जागा हूं ..गवाही मेरा तकिया देगा

वैसे जमाने के नजर में मुस्कुराकर मैं सही रहा

इल्ज़ाम

जहां कभी सबसे हसीन अपने दिन की शाम देखते थे,

आज उस शहर में खुद को बदनाम देखते हैं

वफादारी की हदों को पार करके भी,

खुद पे बेवफाई का इल्ज़ाम देखते हैं

कैसे ज़मीं पे कोई उतारे

दिल को जो अपना लगा

हकीकत को वो सपना लगा

ये सपने सुहाने अम्बर के तारे

कैसे ज़मीं पे कोई उतारे

२. मोहब्बत के रास्ते में चलते - चलते ,

एकतरफा प्यार की निशानी हो गए

तुम संग अपनी कहानी बनाना चाहते थे

 लेकिन तुम्हारे लिए हम खुद एक कहानी हो गए...

कफ़न

जानें कब मिट्टी कि काया, मिट्टी में दफन हो जाए

जानें कब सर्द कि चादर लिपटकर मुझसे कफन हो जाए ।

....

....

२.

जमाने कि नजर मैली हो गई हैं ,

और दिल में कपट का अग्निकुन्ड दहक रहा है ।

तभी तो सत्य खटक रहा नजारों में ,

और जुल्म चहक रहा है बाज़ारों में ।

****

गवाही

न शोहरतें अब न मुझे वाहवाही चाहिए,

मैं अकेला ही ठीक हूं न हमराही चाहिए

के जितना भी जीया बेमिसाल जीया

मेरे मौत के बाद,ऐ ज़माना तुमसे बस इतनी सी गवाही चाहिए

..

बेखबर

उफ्फ! क्या ज़िन्दगी आई है,

जिसको मेरे मोहब्बत की ख़बर तक नहीं

मुझे उसका इंतजार है

****

कभी जो सजदे में तेरे

मैं बनकर गीत आऊँ रे ....

करना कबूल-करना कबूल

पलकों को यूं झुकाकर,

थोड़ा सा मुस्कुराकर

करना कबूल-करना कबूल

मौन

टूटे तारों के दर्दों को अपनी दुआओं से मत तोलो ,

कुछ राज ,राज ही अच्छे हैं मत खोलो ।

बड़ा जालिम है लोग यहां ,नियत किसकी क्या हो,

मौन हो मौन रहो कुछ मत बोलो ।।।।

अंजाम

"ईश्क को अंजाम तक पहुँचा न सके,

बेशक मंजिल पास थी फिर भी पा न सके ।

हाल है ! दिल सुकून का मंजर खो दिया ,

जहाँ से खुशियाँ आती थी वह शहर खो दिया ।

हाथों जो हाथ छुटा, ख्वाब टूटकर बिखर गया ,

खामोशी भरी जीन्दगी में, ईश्क!जाने कोन सा डगर ठहर गया?

अब टूटे ख्वाबों की सिसकियां कौन सुने??

अब बिखरे उम्मीदों की पंखुड़ियां कौन चुने ??

आंखें

ये कम्बखत मास्क जब से तेरे लिबास में सामिल हो गया....

तुझे छुप - छुप कर देख पाना अब बड़ा मुश्किल हो गया

अपनी इन कातिला आंखों पे भी कोई पर्दा अब किया करो

'जान'....

ये आंखें तो अब पहले से और भी ज्यादा कातिल हो गया

#covid19period#

बंदिशे

माना इश्क़ कि ये बंदिशे है ,

"जुदाई हैं मगर रिहाई नहीं "

जब तलक जान हैं ,तब तलक राँग हैं

उम्र भर कि हासिल हैं , मगर कमाई नहीं

****

२.अपने हर अफसानों में ,

मेरा जिक्र करती है___

शायद आज भी वो __

मेरी फिक्र करती है____

__

कभी -कभी

कभी - कभी मायूस बैठकर ये सोचता हूं मैं ,

की_ मैं तुमसे इतना प्यार क्यों करता हूं ___

मुझे मालूम है अब लौटकर तुम नहीं आओगी

फ़िर भी मैं तुम्हारा इतना इंतजार क्यों करता हूं

मैं रोता रहा

तन्हाई भरी रातों में ,
 यादों की बरसातों में
अक्सर यही होता रहा ...
वो याद आती रही, मैं रोता रहा..

––––––––––––––––––––––––

२.

चांद तू बहुत दूर है ,
और मैं बहुत मजबुर हूं ___
हकीकत ना सही ,
पर ख्वाबों में मिला करेंगे __
जरूरी नहीं __इश्क़ करीब से ही हो __

यहसास

कभी ना कभी उसे यहसास होगा......

उसने जो ठुकरा दिया _वो किस्मत से मिलता है,

सिद्दत से वफ़ा निभाने वाले की सोहबत,

उस खुदा की रहमत से मिलता है,

होश ना खो दिल _ मायूस ना हो

उसे अपनी मन की कर लेने दो.....

बदलाव

बदलाव के इस सिलसिले में, हर मंजर बदल गया

दोस्तों का अंदाज़ दुश्मनों के हाथों का खंजर बदल गया

कुछ नहीं बदला तो वो मेरे दिल में तुम्हारी चाहत की मासूम पंछी है

वैसे उस पंछी का शक्ल- ए-पिंजड़ बदल गया ....

आखिरी मुलाकात

आखिरी मुलाकात में उनकी नज़रों में खुद को इस कदर ढूंढ़ रहे थे

जैसे किसी नौसिखिए शायर के ग़ज़ल में बहर ढूंढ़ रहे थे

मेरी तलाश बेकार गई, मैं उसमें कहीं नजर नहीं आया

ओह !हम नादान भी न साला, खुशकिस्मतों के बस्ती में अपना घर ढूंढ़ रहे थे

दुआ

ये दौलत ,सौहरत,मोहब्बत की
मेरी ज़िन्दगी में जो दिलकश सहर है
ये मेरी मां के दुवाओं का ही करम है ,
उनकी दुवाओं का ही असर है

नजर

भीड़ में रहकर भी अकेला होने का मुझे हुनर आता है ___
इसलिए जो ज़माने को नजर नहीं आता ,,,, वो मुझे नजर आता है ___

चांद

ख़्वाब था कल तक जो

आज हकीकत हुई

मुझपे रब की

ऐसी रहमत हुई

रोशन हुआ दिल का कोना कोना

वैसा हुआ जैसी थी मेरी तमन्ना

बेजान मुहब्बत को सुकून की सांस दो

चांद को चांद सा यहसास दो...

बगावत

तलवारों का जुल्म सर पे आ बैठा है,
कोई पागल कलम बगावत क्यों नहीं करता ?

सरफिरा इश्क़

अपनी जिद - नखरे से अब वो मेरे साथ नहीं लड़ती

यार ! अब वो लड़की मुझसे कभी बात नहीं करती_

सोचता हूं कभी- कभी भुला दूं उसे उसकी खुशी के लिए

लेकिन कमबख़्त उसकी आदत मुझे अपनी चंगुल से निजात

नहीं करती __

****

२.वो चांद है और मैं उसका एक अदना सा दीवाना हूं

 मेरी मोहब्बत को फासलों और हसरतों ने पाला है

जब वो मेरे रूबरू होती है तो मेरी आंखों पे अंधेरा छा जाता है

ये प्यार थोड़ा सरफिरा है ,इस प्यार में दूरियों से ही उजाला है

लोग कहते हैं

जमीं से गुम जो ये चलते-फिरते नज़ारे हो जातें हैं

क्या सच में वो आसमान के सितारे हो जातें हैं

२. रफ़ता - रफ़ता अरमानों के सारे पन्ने जल रहा है
जानें किस आस में सांस_ अभी तक चल रहा है__

गुनाह

अब इश्क़ हमारा बेमंजिल राह सा लगता है

तुम्हें चाहना अब गुनाह सा लगता है ___

***

२.तेरी परछाई का आलम गुजरता क्यों नहीं है ???

मेरी आंखों से तेरा ख़्वाब झरता क्यों नहीं है??

शिकायत_२

यूं तो कहने को "इबादत करता हूं मैं "_____

असल में खुदा से तेरी शिकायत करता हूं मैं

सुना है _तू नए शहर में जाकर पुरानी हो गई है

तेरे इस मौसमी आदत का ख़िलाफत करता हूं मैं__

रजामंदी प्रेम में एक तरफा ही गम क्यों?????

यूं तेरे लिए तड़पकर _____गलत करता हूं मैं

तुम्हारे दिए यादों से ___तुम्हारे दिए ज़ख्मों का

आंखो में पानी भरकर तन्हाई में मरम्मत करता हूं मैं

 तेरे हर खत ___तस्वीरों को वापस तो कर दिए

फिर भी ये जो दिल में एक तेरी तस्वीर रह गई है__

इसे भी तुम्हे लौटाने की चाहत करता हूं मैं______

तुम्हे बेवफा भला कैसे कह दू_______

आज भी तुम्हारे जज्बातों का हिफाज़त करता हूं मैं

************______________*********

ज़िन्दगी से गीला न होता....

जानां तुमसे मिला ना होता

ज़िन्दगी से गीला ना होता,

हां .. मेरी वफाएं .. यूं

जफ़ाओं से जला ना होता ...

ऐसी रूत ना आई होती

ना फिजाएं कातीला होता

जानां तुमसे मिला ना होता

ज़िन्दगी से गीला ना होता,

कोई भला क्यों , इश्क़ करके पछताएं

गर उसे भी इश्क़ _मुझ सा ही रुलाए .

नूर चेहरे की खोई ना होती

ना ठिकाना मेरा मैकदा होता

जानां तुमसे मिला ना होता

ज़िन्दगी से गीला ना होता,

तुम जो मिली तो , मुझे रब मिल गया हो

ऐसा मेरा भरम था.... १.३.५

जितनी भी खुशियां__ तूने मुझपे लुटाई

सारी की सारी वो बीज- ए- गम था..२.९

आज फसल वो लहलहाने लगी है ...११.०

मुझे सौ दर्द देकर आजमाने लगी है ..१

तुमसे ना मिलते .. तुमपे ना मरते ..६

तो शायद आज .. सुकून की सांसे भरते ५

जानां तुमसे मिला ना होता१११.३

ज़िन्दगी से गीला ना होता,

हां .. मेरी वफाएं .. यूं

जफ़ाओं से जला ना होता ...

तन्हाई खालिश देती १.२

पल - पल आहें भरता हूं_१२

तुम्हें भुला पाऊं दिल से _१.२

रब से दुआ ये करता हूं ..१.२

तुम इतनी बेरहम हो ,२

मुझे ना ख़बर थी ,६

तेरे सितम ने होश कराया ....

इश्क़ के सफर ने .. जानें किस मोड़ पे

मुझे पहुंचाया __ हाय! मुझे ले आया..

ऐ बेमंजिल तमन्ना मेरी ....

यूं यादों की दीमक तेरी

काश दिल में पला ना होता....

जानां तुमसे मिला ना होता

ज़िन्दगी से गीला ना होता,

हां .. मेरी वफाएं .. यूं

जफ़ाओं से जला ना होता ...

____

one sided love

दो दिल commited हो

बातें unlimited हो

एक दूसरे पे कुछ दिन तक

fully dedicated हो

क्या यही प्यार है???......,.

क्या ये प्यार नहीं है .....

किसी के लिए one sided

emotion रखना

अपने हर धड़कनों में उसका

हमेशा mention रखना

उसके चाहत का दिल में

selfishness passion रखना..

ये भी तो प्यार ही है ना ...

हां ये कभी जिस्मानी नहीं हो पाएगा ...

ये कभी दो जिस्म एक जान की

निशानी नहीं हो पाएगा ..

इसमें तो pain ही pain है ..

इस प्यार में कहां एक पल की भी चैन है

फिर भी इस प्यार में आशिकों की कोई कमी नहीं है...

माना इन आसमानों के पास अपनी ज़मीं नहीं है ...

असल में one sided love ही सच्चा प्यार है ....

बाकी eros love type प्यार तो lust का कारोबार है

_©Rajeev Ranjan